BOULANGISME

ET

PARLEMENTARISME

PAR

Paul-Émile LAVIRON

2ᵉ ÉDITION

Augmentée d'une lettre au Général BOULANGER

PRUNIÈRE ÉDITEUR
17, Rue Hermel prolongée, 17 — PARIS
1888-1889

BOULANGISME

ET

PARLEMENTARISME

PAR

Paul-Émile LAVIRON

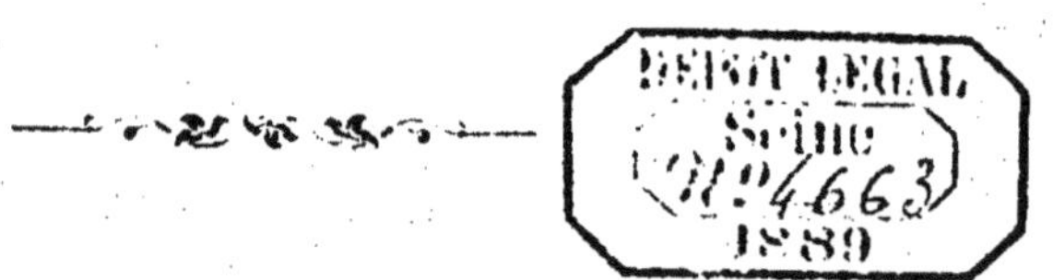

PARIS

IMPRIMERIE NOUVELLE (ASSOCIATION OUVRIÈRE)

11, rue Cadet, 11

—

1888

BOULANGISME

ET

PARLEMENTARISME

De quoi s'agit-il dans la crise politique que nous traversons et que les naïfs, à la suite des malins, ont un instant déclaré terminée, agissant à la manière de l'autruche qui se cache la tête pour ne pas voir le danger?

Est-ce d'une individualité ou d'un principe, de l'intrusion d'un pouvoir personnel ou du sort de l'oligarchie bourgeoise; en un mot, d'une dictature Boulanger ou du régime parlementaire?

La vérité est que c'est le parlementarisme lui-même, le parlementarisme seul qui est en cause.

Au fond, l'homme n'est ici, d'une part, qu'un drapeau qui a servi à poser la question parlementaire, et, d'autre part, qu'un prétexte qui sert à l'embrouiller et à en détourner les esprits.

Il s'agit uniquement de savoir si le suffrage restreint (oligarchie) dominera toujours le suffrage universel (démocratie), ou si le suffrage universel finira par avoir raison du suffrage restreint; si le régime parlementaire absorbera perpétuellement le régime démocratique; en d'autres termes, si le petit nombre, le privilège, l'exploitation ne cesseront jamais de l'emporter sur le grand nombre, le droit, la justice.

En quoi donc consiste le régime parlementaire ou bourgeois ? En quoi le régime démocratique ou républicain ?

Le régime ou gouvernement parlementaire consiste dans la division des pouvoirs publics en trois branches : législatif, exécutif, judiciaire. Ce qu'on appelle par euphémisme pondération des pouvoirs.

Il est de l'essence de ce régime que l'un de ces pouvoirs : le législatif, se subdivise en deux assemblées rivales, dont l'une (le Sénat), issue d'un corps électoral restreint, c'est-à-dire ayant une origine privilégiée, est destinée à arrêter, par son simple vote, toute velléité de progrès social qui pourrait se manifester dans l'autre assemblée (la Chambre des députés), issue du suffrage universel, seule base légitime du droit.

Ce vote arbitraire du Sénat est imité du veto prononcé par l'un des trois tribuns romains, et qui suffisait pour empêcher l'exécution de tout décret du peuple favorable aux déshérités, c'est-à-dire de tout plébiscite qui déplaisait aux patriciens.

Le pouvoir exécutif que comprend ensuite le régime parlementaire, est nommé actuellement par un suffrage de plus en plus restreint (les membres réunis des deux assemblées. Il jouit de prérogatives qui le rendent non seulement indépendant de la représentation nationale sans laquelle il n'existerait pas, mais maître absolu de la partie la plus importante de cette représentation, la Chambre qu'il a le droit exorbitant de dissoudre, avec l'avis de l'autre p. .ie, le Sénat.

En vertu de ces prérogatives, le pouvoir exécutif a le devoir de soutenir, au besoin par la force, le veto du Sénat contre les décisions de la Chambre ; il a même la faculté, au moyen de ses fonctionnaires et agents de tout ordre, d'exercer sur les électeurs, quand le suffrage universel fonctionne, une pression abusive de sa nature et de fausser ainsi l'esprit de la représentation nationale. Enfin elles le font à peu près souverain dispensateur des deniers publics ; ce qui particulièrement lui donne une influence prépondérante et devient l'origine du caractère corrupteur inhérent au régime.

Ce pouvoir, dont l'étiquette peut varier, est exercé aujourd'hui par un président de la République, flanqué d'un conseil des ministres et qui a toutes les attributions d'un roi constitutionnel.

Quant au troisième élément de ce régime, le pouvoir judiciaire, dont l'organisation n'est pas comprise dans la constitution, il est subordonné au pouvoir exécutif par la nomination et l'avancement de ses membres, et il jouit de l'irresponsabilité la plus complète vis-à-vis du public par l'inamovibilité de ces mêmes membres. Il n'est là que pour couvrir et légitimer les iniquités inséparables du système.

On voit que le parlementarisme ressemble beaucoup au « seul Dieu en trois personnes » des chrétiens, avec cette différence drôlatique que la première personne, pouvoir législatif, a deux têtes (Sénat et Chambre) ; lesquelles se regardent comme deux chiens de faïence, et ici avec cette similitude non moins drôlatique qu'elles ne se font jamais de mal : elles paraissent toujours en colère l'une contre l'autre ; mais, au fond, elles s'entendent comme larrons en foire.

Il est à remarquer que le régime parlementaire s'accommode de tous les systèmes de gouvernement : monarchique, oligarchique, démocratique. Dans le premier cas, c'est la monarchie tempérée au profit de la bourgeoisie ; dans le troisième qui est le système actuel, c'est la démocratie absorbée par la bourgeoisie ; dans le second, le plus rare, celui des républiques italiennes, c'est la bourgeoisie régnant sans rival.

Tout cela n'est-il pas monstrueux ? n'est-il pas le comble de l'absurde ?

Il en résulte avec la dernière évidence qu'être parlementaire et se dire républicain est une pure rouerie.

Au contraire du parlementarisme, le régime démocratique est tout à la fois simple, rationnel, logique; il est la consécration même du droit, l'application même de la justice.

Sous ce régime, il n'y a pas d'autre pouvoir que celui qui réside dans le peuple lui-même et pour l'exercice duquel il nomme des mandataires (s'il ne peut l'exercer directement); pas d'autres lois que celles qui ont reçu la sanction du peuple.

C'est la souveraineté nationale dans toute sa vérité ; c'est la volonté du peuple s'exprimant par la voie du suffrage universel ; c'est le plébiscite.

« Je crois, a dit Gambetta, que le plébiscite est une sanction désormais nécessaire dans les sociétés reposant sur le droit démocratique, pour donner au pouvoir la sanction que les monarchistes trouvaient dans le droit divin. »

La souveraineté nationale étant une et inaliénable, le plébiscite par lequel elle s'exerce, ne peut constituer qu'une seule et unique délégation pour veiller à la gestion des affaires publiques, et il ne saurait, en aucun temps, disposer au profit de qui que ce soit d'une partie quelconque de l'autorité souveraine ; car une génération n'a jamais le droit d'engager les générations suivantes.

Et cette délégation formée en assemblée nationale est essentiellement temporaire, la majorité parmi les électeurs se déplaçant à chaque génération et même plus fréquemment.

La mission de cette assemblée consiste principalement à préparer les lois relatives aux intérêts généraux d'ordre constitutionnel et qui ne doivent devenir obligatoires qu'après la ratification du peuple, et à régler, d'après les principes adoptés dans les lois, les affaires générales d'ordre secondaire.

En dehors des intérêts généraux, nationaux, il y a les intérêts régionaux, locaux, dont la délégation centrale de la souveraineté du peuple ne peut s'occuper sans abus de pouvoir, sans tyrannie. Ce sont les intérêts des groupes distincts d'habitants, des communes. De même que la nation, par le plébiscite, gère directement ou indirectement les affaires générales, de même chaque commune doit pouvoir régler librement par ses votes les affaires locales.

Telles sont les grandes lignes d'un régime vraiment démocratique.

Sous un pareil régime, la France jouirait de la vraie république, de la république fédérative et plébiscitaire, c'est-à-dire radicalement antiparlementaire. Et cette république, en même temps qu'elle se trouverait à l'abri d'un coup de force quelconque, serait susceptible de tous les progrès politiques et sociaux.

Ce serait le gouvernement de tous par tous. Comme l'a dit le général Boulanger dans sa proposition à la Chambre des députés : « La République ne doit être la propriété de personne. Tous les Français ont des droits égaux à son gouvernement. Tous doivent pouvoir s'y sentir chez eux... Pour ce qui est d'être républicain, il n'est point de titre plus large que celui-là. Être républicain veut dire qu'on est partisan de la justice pour tous et de la liberté pour tous. »

Et, en effet, cette république du peuple ou plébiscitaire ne peut vivre que de liberté et d'égalité, que dans un système de sécurité et de bien-être pour tous. Et surtout elle ne permettrait pas de gaspiller les fonds publics pour enrichir des dirigeants oisifs aux dépens des malheureux travailleurs. On comprend qu'entre cette république-là et l'oligarchie bourgeoise qui, sous le nom de république parlementaire, détient le gouvernement et l'exploite à son profit, il y ait une hostilité violente, irréconciliable, ne pouvant se terminer que par l'écrasement de l'une et le triomphe absolu de l'autre.

Cette lutte acharnée ne date pas d'aujourd'hui ; elle a commencé avec la grande Révolution.

C'est le régime oligarchique qui, pour le moment, triomphe, et les parlementaires s'efforcent de le conserver coûte que coûte. S'ils se réclament de la démocratie, c'est pour bénéficier de son prestige ; mais, en même temps, ils en entravent l'exercice, non seulement par leurs institutions constitutionnelles, mais encore en jetant de la défaveur sur le plébiscite qui, pourtant, n'est autre chose que le suffrage universel affranchi, que la loi directement votée par le peuple, que la démocratie en action.

De son côté, le parti antiparlementaire, que les autres ont espéré étouffer sous le nom de boulangiste, s'efforce de les déloger de leurs positions usurpées et de restituer au peuple la souveraineté qu'ils lui ont escamotée.

Aujourd'hui, grâce à une persécution affolée de ces usurpateurs contre un homme qui leur porte ombrage, la lutte recommence, mieux définie et plus vive que jamais. Elle se poursuit entre des gens qui se disent tous républicains, bien que visant des buts diamétralement opposés; entre ceux qui prétendent retenir quand même les positions privilégiées qu'ils ont surprises à l'aide de leur république oligarchique, et ceux qui tentent de généraliser les bienfaits d'une vraie république et d'en faire profiter tous les citoyens; en un mot, entre les parlementaires et les antiparlementaires.

Quant à présent, les parlementaires ont l'avantage : d.tiennent le gouvernement; ils occupent toutes les positions influentes et surtout lucratives, ils disposent en maitres de la fortune publique et du sort des travailleurs, et, hommes néfastes, ils sont les vrais auteurs de toutes les misères du jour.

Oh! ils voudraient bien détourner d'eux cette dernière imputation, donner le change au peuple sur leurs méfaits personnels. Ils voudraient bien lui faire croire que les hommes du gouvernement ne sont pour rien dans les maux dont il souffre; qu'il a tort de s'en prendre au gouvernement de sa détresse actuelle; que ce n'est pas la faute du gouvernement, s'il est malheureux....

Comment! ce n'est pas la faute du gouvernement!

N'est-ce pas lui qui, dans les contestations entre patrons et ouvriers, prend toujours parti pour les premiers?

N'est-ce pas lui qui concède les monopoles qui mettent les ouvriers à la discrétion des entrepreneurs?

N'est-ce pas lui qui, lorsque, par hasard, des réformes sérieuses sont proposées en faveur des ouvriers, les arrête sans pitié?

N'est-ce pas lui qui prend sur le budget, alimenté par les produits du travail, de centaines et centaines de mille francs pour payer des fonctionnaires aussi onéreux qu'inutiles?

N'est-ce pas lui qui détourne de l'intérieur des millions arrachés au travail, pour les dépenser en invasions coloniales, qui ne servent qu'à enrichir d'oisifs aventuriers?

Etc., etc....

Et il ne serait pas responsable des misères qui découlent de ces différents méfaits?

Autant vaudrait dire que ce n'est pas la faute du voleur, si le volé se trouve ruiné.

Oui, c'est bien le gouvernement et les hommes qui le composent qui sont responsables des dénis de justice dont les travailleurs sont perpétuellement victimes, et ce sont les institutions gouvernementales elles-mêmes qu'il importe de transformer, si l'on veut réellement mettre les hommes dans l'impossibilité d'en abuser et de nuire.

Qu'on permette à l'auteur de rappeler à l'appui de cette assertion quelques faits personnels.

Il y a plusieurs années, il s'est cru un instant sur le point de voir aboutir un premier et grand progrès social: la reconnaissance officielle du droit des travailleurs à la retraite. C'était une bien grosse illusion, le régime parlementaire étant donné.

Cependant, cette illusion a pour excuse des circonstances qui probablement en auraient trompé bien d'autres:

D'abord les paroles encourageantes d'une quarantaine de députés, auxquels l'auteur était allé soumettre ses idées au sujet des retraites ouvrières; — ensuite, l'accueil très bienveillant de M. Lockroy, qui s'est chargé alors d'en déposer lui-même la proposition à la Chambre; — puis une conférence de Belleville, où M. Floquet a développé, en les approuvant, les dispositions prises jadis, dans l'esprit de cette proposition, par la Convention nationale, mais nullement parlementaire; — puis un programme électoral de ces deux députés affiché dans le onzième arrondissement de Paris, où ils réclamaient textuellement la création par l'État d'une caisse de retraite pour les travailleurs des deux sexes; — puis le vote de la Chambre, affectant le produit de la vente des diamants de la couronne aux retraites ouvrières; — et enfin la nouvelle donnée par plusieurs journaux de l'intention du ministère Gambetta de déposer à la Chambre un projet de loi tendant à organiser une caisse de retraites pour les ouvriers, alimentée par l'État.

On conviendra qu'un pareil concours de circonstances favorables était bien fait pour donner confiance dans le succès de la proposition; et il faut, pour qu'elle n'ait pas réussi, qu'il y ait une bien grande force de résistance dans le système de gouvernement où elle s'est produite. Et, en effet, elle a tout à fait disparu sous l'action dissolvante de ce système, au point qu'il n'en est plus le moindrement question.

Et il en a été de même de toutes les réformes un peu radicales proposées par d'autres en faveur de la classe ouvrière. Aucune de ces réformes n'a mieux abouti et ne pouvait mieux aboutir. Je ne citerai pour preuve que les réformes du budget (qui dépasse, en fin de compte, 4 milliards) constamment proposées et constammment rejetées ou, ce qui revient au même, ajournées. Comment voulez-vous qu'il en soit autrement et qu'on fasse de sérieuses économies sur ce budget — pourtant si lourd aux travailleurs, à la classe ouvrière, aux petits commerçants, — en présence de la convoitise des nombreux aspirants millionnaires dont l'appui est indispensable pour soutenir le régime et qui prétendent naturellement être grassement payés de leurs services! Avec le parlementarisme, qui nécessite de pareilles dilapidations, et qui en même temps les rend plus faciles à commettre, les charges publiques, bien loin de diminuer jamais, ne peuvent qu'augmenter, augmenter sans cesse, et les réparations dues aux ouvriers ne peuvent jamais se réaliser. Aussi, l'examen annuel du projet de budget ministériel n'est-il qu'une pure comédie.

C'est donc bien le gouvernement parlementaire qui est la grande cause du mal et qu'il s'agit, non pas de réformer, mais de supprimer.

Le grand public, le public qui travaille et produit en restant toujours dans la misère, semble l'avoir compris. Il s'est enfin lassé des monstrueux abus dont il souffre, et il a saisi la première occasion qui s'est offerte de protester avec éclat contre le régime qui les engendre.

De là est né ce qu'on appelle le boulangisme.

Le mouvement grandiose, qui s'est produit tout d'un coup en faveur de la campagne revisionniste et antiparlementaire engagée sous le nom du général Boulanger, a mis en émoi tous les intrigants qui s'étaient fait un lit ou aspiraient à s'en faire un à l'abri de la Constitution jésuitique de 1875. Les cinq cents rois fainéants de la Chambre, comme les a si justement qualifiés le général, se sont sentis piqués au vif; ils ont secoué leur torpeur, et se sont redressés comme des diables qui sortent de leur boîte. Sans désemparer, ils se sont mis à l'œuvre pour réagir contre le brusque réveil du peuple qui venait si malencontreusement les troubler dans leur lucratif *far niente*. Tous ceux qui, dans la presse, à la Chambre ou ailleurs, se croyaient menacés, s'y sont mis avec un égal acharnement. Discours des députés, articles des journaux, coalition des partis, rien n'y a manqué.

Ce n'est pas à la doctrine qu'ils s'en prenaient — ils n'avaient garde — mais au porte-drapeau. Tout en employant le moyen, pourtant bien usé, des séduisantes promesses, ils ont eu recours aux attaques les plus perfides et les plus grotesques, qui n'ont cessé de lui tomber sur la tête : ç'a été une véritable avalanche.

Certains journaux dits radicaux, c'est-à-dire sournoisement opportunistes, pour innocenter le régime parlementaire, pour le laver des méfaits dont il est ouvertement accusé, n'ont-ils pas eu l'aplomb de prétendre qu'il n'était pas responsable de ces méfaits, des abus commis par les hommes qui le représentent ; que c'est au suffrage universel seul que le reproche doit en être adressé ; que la faute en est aux électeurs eux-mêmes, qui n'ont pas su choisir convenablement leurs représentants ; que lesdits électeurs n'ont qu'à porter à l'avenir leurs voix sur des candidats plus dignes de leur confiance pour ne plus avoir à se plaindre des actes de la République parlementaire.

En vérité, c'est par trop se moquer du public.

Est-ce que tout le monde ne sait pas que le peuple n'a pas la faculté d'agir spontanément dans les élections? C'est la presse elle-même qui, avec le concours de certains groupes dits comités radicaux socialistes, manipule à sa guise la matière électorale, et finit, après une suite d'intrigues plus ou moins secrètes, par arrêter une liste commune de candidats, qu'elle jette ensuite à la face des électeurs, en leur disant : « Voilà! prenez mon ours! » Et les pauvres électeurs n'ayant aucun moyen de contrôler les noms ainsi proposés, ni de s'entendre entre eux pour pouvoir voter utilement en faveur d'autres citoyens, sont forcés de lui obéir aveuglément, de se soumettre à sa discipline, à son arbitraire, s'ils ne veulent s'exposer à perdre leur voix ou à l'égarer sur des noms hostiles. Comment alors les mauvais choix pourraient ils leur être reprochés?

Il y a là, de la part de certains journaux, une véritable tyrannie ! Et ceux qui l'exercent osent accuser les électeurs du général Boulanger, qui, enfin, sont parvenus à secouer leur joug, de pousser à la dictature.

D'ailleurs, quand même le suffrage universel arriverait à

s'affranchir définitivement de ce joug, est-ce qu'il serait davantage maître de composer la représentation nationale comme il l'entend, et de la charger d'un mandat certain ? Non ; car, d'un côté, une partie de cette représentation (le Sénat), élue par un je ne sais quel suffrage restreint, échappe entièrement à son action ; et, d'un autre côté, la partie qui le représente réellement (la Chambre), ne peut, quand même elle serait fidèle à son mandat, rendre des décrets conformes sans l'*exequatur*, non seulement de ce Sénat, mais d'un certain pouvoir exécutif créé par un suffrage encore plus restreint.

Comment sachant tout cela, osent-ils, ces politiciens dirigeants, accuser le suffrage universel, le peuple, des embarras du jour ?

L'impuissance du Parlement à exécuter aucune réforme sérieuse est une chose parfaitement avérée ; et cependant des hommes de la Chambre et du dehors se sont avisés de former des réunions hostiles au programme revisionniste et antiparlementaire, adopté par le parti qu'ils qualifient de boulangiste. Ils ont, entre autres, organisé une société pour reprendre la déclaration des droits de l'homme et du citoyen, — à laquelle auparavant ils ne songeaient pas le moins du monde, — et ils ont annoncé pompeusement la prochaine application des principes de cette déclaration. On lit en toutes lettres, dans leur manifeste, qu' « il faut poursuivre le développement intégral de la République, c'est-à-dire la réalisation progressive de toutes les réformes constitutionnelles, politiques, sociales qu'elle contient ».

Il faut vraiment de l'audace à ces gens-là pour lancer de pareilles promesses. Ils savent bien que la réalisation en est matériellement impossible sous le régime parlementaire, avec une présidence et un sénat essentiellement conservateurs. Ils savent 1° que ce régime est la négation directe des droits du citoyen, les volontés que celui-ci exprime par le suffrage universel, étant fatalement étouffées sous les volontés exprimées par le suffrage restreint ou privilégié; 2° et que, par cela même, il est la négation des droits de l'homme qui n'ont plus alors qu'à s'incliner devant les prétentions triomphantes de la caste privilégiée. Eh bien ! malgré tout cela, ils ne veulent à aucun prix que l'on touche à cette arche sainte de la bourgeoisie. Ils disent vouloir la fin : les réformes politiques et sociales, et ils ne veulent pas les moyens : la suppression de l'obstacle parlementaire.

Comme on le voit, de leur part, c'est toujours la même bonne foi et leur nouveau programme n'a d'autre but que de jeter de la poudre aux yeux, que d'amuser la galerie, que de tromper les naïfs. Il faut vraiment que les gens capables d'accepter de pareilles bourdes — et il y en a — soient absolument dépourvus de sens... s'ils ne sont pas des complices.

Dans une pareille situation, que peut-il rester de leur si bruyant remue-ménage ? — Rien !... rien autre chose que le *statu quo*, que l'enrichissement à jet continu des intrigants et la misère de plus en plus noire des travailleurs !

Ce n'est pas évidemment avec d'aussi ridicules expédients qu'ils parviendront à convaincre ces derniers et à les détacher du parti antiparlementaire, leur seule planche de salut.

De la part du parti bourgeois, cette tentative machiavélique n'a rien que de fort naturel; mais que dire de la coterie qui s'intitule Parti ouvrier et qui s'est engagée, elle aussi, dans cette campagne essentiellement antidémocratique? Elle s'est empressée de faire cause commune avec ces partisans déterminés du régime parlementaire, avec ces adversaires acharnés de toute réforme constitutionnelle susceptible de permettre la réalisation des améliorations sociales.

Du reste, que pouvait-on attendre de mieux de cette coterie, après tout ce qu'on sait d'elle ? N'avait-elle pas donné plusieurs fois déjà la mesure de sa valeur ? — 1° aux élections générales de 1881, où, impuissante à faire passer son candidat, elle a préféré se rallier, bien que n'en ayant rien de mieux à attendre, à la candidature radicale d'un polichinelle, plutôt que de laisser faire l'élection d'un homme d'un talent reconnu ; — 2° à l'élection du président de la République en 1887, où elle s'est refusée à combattre la candidature du néfaste tonkinois, dont la lugubre politique coloniale a fait tomber le travail si bas en France et rendu la misère si grande ; — 3° à l'élection du Nord en mai 1888, où, se couvrant jésuitiquement de l'intérêt de la République, elle a fait campagne avec les adversaires du seul candidat qui représentât la protestation contre l'inertie égoïste et ruineuse de la Chambre, etc., etc.

Noblesse oblige ! Après d'aussi hauts faits, les ci-devant ouvriers qui composent et dirigent le Parti, ne pouvaient manquer de s'accoler aux bourgeois de la coterie opportuno-radicale pour combattre ensemble la revision constitutionnelle qui, si elle aboutissait, enlèverait, aux uns la faculté, aux autres l'espérance de barboter dans le budget et autres puisards financiers et de s'enrichir aux dépens des travailleurs.

Ce parti a fini, cependant, par se retirer de la coalition. Il avait compris, sans doute, que cette coalition saugrenue achevait de lui faire perdre le peu d'influence qui lui était resté de ses fausses manœuvres précédentes. Et, ma foi, il aura besoin de cette influence, toute maigre qu'elle soit, pour s'imposer, quand sera venu le grand jour des élections générales, aux tripoteurs radicaux de listes électorales.

La raison de sa brusque retraite est vraiment curieuse. Il a allégué que c'est contre le danger de la dictature, du césarisme qu'il s'était coalisé, et que ce danger avait disparu de l'horizon politique.

Hein, que dites-vous de cette disparition ? Quelle perspicacité !

Les hommes du parti ouvrier s'imaginent avoir fait là un coup de maître dans l'intérêt de leur élection. Espérons qu'au moment décisif, les électeurs ouvriers sauront appré-

cier ces faux frères, et les renvoyer à leurs chères et inof-
fensives intrigues.

Voilà où en est la coalition électorale connue sous le sobri-
quet de Société des Droits de l'homme et du citoyen.

Parlerai-je, maintenant, d'une autre société plus grotesque
encore, qui s'est fondée sous le titre d'Association nationale
républicaine? — Non, ma foi! les calembredaines de son
manifeste sont trop ridicules pour mériter les honneurs d'une
réfutation.

Du reste, Henri Rochefort en a dit quelques mots dans
l'Intransigeant du 23 juin 1888, et je ne puis mieux faire
que de reproduire les passages suivants de son article :

« Il était impossible de faire ressortir en mots plus mala-
droits la nécessité urgente d'en finir avec les « cinq cents rois
fainéants », qui ont sur les marmottes cette supériorité que
si, comme elles, ils s'endorment pendant l'hiver, ils ne se
réveillent même pas pendant l'été.

« En effet, l'Association en question déclare, avec une
franchise probablement inconsciente, que, si la Chambre
unie au Sénat n'a depuis quinze ans opéré aucune réforme,
c'est parce que le meilleur gouvernement est celui qui
repousse tout progrès et ajourne systématiquement toute
réforme.

« Quels sont, dans notre charte républicaine, écrit candi-
« dement l'auteur de ce document joyeux, les perfectionne-
« ments dont l'expérience prolongée a démontré la néces-
« sité? »

« C'est exactement ce que disait Louis-Philippe. Il trou-
vait que la nécessité du suffrage universel n'était pas démon-
trée et, sans la révolution de Février, il est certain que nous
en serions encore au suffrage restreint.

« Nous avions la Chambre des pairs, aujourd'hui nous
avons le Sénat; et comme cette institution ne suffit pas à
tout, on lui a adjoint la Chambre des députés, qui n'a aucun
pouvoir, et qui est là uniquement pour faire croire que le
suffrage universel existe en France...

« La Chambre basse a été instituée pour repousser toute proposition nouvelle ;

« La Chambre haute, pour veiller à ce qu'aucune innovation politique, administrative, financière ou sociale ne puisse être introduite dans le pays ;

« Et enfin la présidence de la République, pour dissoudre la Chambre basse dans le cas où elle entrerait en conflit avec la haute.

« Voilà ce qui suffit au bonheur de l'Association..... »

Et voilà ce contre quoi la vraie classe ouvrière proteste avec une persévérance digne d'un entier succès.

Le grand cheval de bataille des parlementaires, c'est surtout la dictature, le césarisme, et ils l'ont solennellement enfourché à la Chambre dans leurs attaques contre la personne même du général.

Tiens-toi bien, ô Boulanger ! Comment, tu as osé venir les troubler dans leur quiétude parlementaire ! Tu as mérité la colère de tous les dieux du nouvel Olympe. Prends garde ! Les Floquet, les Clémenceau, les Basly vont te foudroyer sous le feu de leur éloquence !

Écoutons d'abord M. Floquet :

« J'ignore, dit-il, qui a permis à notre collègue de tenir à l'Assemblée un langage si hautain et de lui parler comme le général Bonaparte revenant de ses victoires....

« Mais, ajoute l'orateur, il faut se rassurer ; à votre âge, monsieur le général Boulanger, Napoléon était mort (ceci est grand comme le monde) et vous ne serez que le Siéyès d'une constitution mort-née. »

M. Clémenceau donne ensuite :

« Ah ! vous raillez le régime parlementaire, s'écrie-t-il ; la raillerie, en vérité, vous est facile, monsieur Boulanger ; il vous est facile d'affecter de ne pas comprendre que cinq cent quatre-vingts hommes discutent les plus hautes questions dont se préoccupe l'humanité et ne parviennent pas à les résoudre *instantanément*; vous vous imaginez sans doute qu'un pouvoir personnel aboutirait à de meilleurs résultats... » (Pas à de plus mauvais, en tout cas!)

C'est M. Basly qui tire le dernier :

« Où étiez-vous, demande-t-il, pendant que nous discutions et que nous votions des lois en faveur des ouvriers? Où sont-elles, ces lois?) Que faisiez-vous et que faites-vous aujourd'hui? De l'obstruction à la besogne utile à laquelle la Chambre peut au moins consacrer ses séances quand vous n'y êtes pas? »

Hein! n'est-ce pas sublime, ces trois morceaux d'éloquence lancés contre la personne de Boulanger en manière d'oraisons funèbres de la révision antiparlementaire? Comprenez-vous les beautés de cette exclamation : « A votre âge, monsieur le général Boulanger, Napoléon était mort. » — Et la profondeur de cette observation : « Vous vous imaginez sans doute qu'un pouvoir personnel aboutirait à de meilleurs résultats. » — Et l'à-propos de cette interrogation : Où étiez-vous pendant que nous discutions et que nous votions des lois en faveur des ouvriers? »

Ne vous semble-t-il pas entendre Cicéron lui-même, s'écriant dans sa fameuse improvisation : *Quousque tandem, Catilina, abuteris patientia nostra? Quemadmodum sese effrenata jactabit audatia?* etc., etc.

Eh bien, non! je l'avoue : Si vous comprenez et ces beautés, et cette profondeur, et cet à-propos, qui ont mérité la haute approbation et les applaudissements de la Chambre, vous avez plus de chance que moi. Car, d'abord, je ne saisis pas bien la grande portée de l'exclamation. Je trouve ensuite que l'observation serait beaucoup plus vraie si le mot *instantanément* n'y figurait pas. Enfin je ne vois pas du tout que la classe ouvrière ait gagné le moindre petit sou aux lois votées en sa faveur, suivant le dire contenu dans l'interrogation.

En définitive, il n'y a dans tout cela que des déclamations

creuses, que des mots, et rien que des mots. Et il n'en pouvait être autrement, le parlementarisme étant par dessus tout un régime de bavardage pour ne rien dire, et surtout pour ne rien faire.

Ce que je vois, ce que je comprends dans les diatribes affolées de tous ces gens-là, c'est leur peur bleue de se voir arracher la dictature qu'ils exercent eux-mêmes avec tant de rouerie et de profit depuis plus de douze ans.

Que signifierait, sans cela, l'accusation de viser à la dictature lancée par eux contre Boulanger; par eux qui, les premiers, ne vivent que d'arbitraire, que de dictature? Est-ce que leur gouvernement n'est pas la plus écœurante des dictatures? Est-ce que les pouvoirs qu'ils exercent pendant un temps plus ou moins long, sans contrôle et sans responsabilité sérieuse, en vertu d'une constitution qu'ils ont fabriquée eux-mêmes, ce n'est pas de la dictature?

Leur pouvoir législatif de quatre et neuf ans, dictature !

Leur pouvoir exécutif de sept ans, dictature !

Leur pouvoir judiciaire sans terme, dictature ! dictature !

Et le peuple n'a guère plus de moyen de se débarrasser pacifiquement de ces dictatures bourgeoises coalisées, qu'il n'en aurait de se débarrasser d'une dictature césarienne; car, à supposer même le bon vouloir de ses mandataires directs, le suffrage restreint et, au besoin, le pouvoir exécutif sont toujours là pour lui barrer le passage.

Les airs indignés que prennent ses maîtres actuels en parlant de la dictature Boulanger ne sont donc que de la pure comédie, qu'une rouerie plus ou moins habile pour lui faire croire que le danger est là et non ailleurs, pour détourner son attention de leur propre dictature, d'autant plus oppressive qu'elle est plus rapace.

Et ces enragés d'écrasant arbitraire osent accuser Boulanger de vouloir étrangler la République, eux qui la saignent à blanc. Du reste, épuisée comme elle est par tous ses vampires, c'est à se demander si elle serait bien en état de résister à qui l'aborderait avec de mauvaises intentions.

Mais le peuple veille.

Le vrai peuple, le peuple qui travaille, qui est exploité qui souffre, paraît fort peu s'émouvoir de leurs furibonds agissements. Il sent qu'il y a, entre leurs airs indignés et leurs propres actes, une contradiction manifeste, qu'ils n'attaquent l'éventuelle dictature d'à côté que par jalousie de métier. Eh ! que lui importe, à lui toujours victime de l'arbitraire des exploiteurs dirigeants, que cet arbitraire soit exercé par un seul sous le nom vrai de césarisme, ou par plusieurs sous le faux nom de République ! Ses votes persévérants démontrent bien que ce n'est pas là ce qui le préoccupe, sa position misérable devant dans tous les cas rester la même, et qu'il n'aperçoit de salut pour lui que dans la revision de la constitution et l'abolition du régime parlementaire.

Voyant que leur spectre césarien, pas plus que leurs promesses et leurs raisonnements, n'amenait, en leur faveur, d'effet assez prompt et assez décisif, les parlementaires ont effrontément supposé cet effet produit, dans l'espoir de surprendre les esprits et de les détacher définitivement d'une cause réputée à tout jamais perdue. S'en prenant toujours à l'homme pour atteindre indirectement les principes qu'il représente, ils ont commencé par le couvrir d'injures, de ridicules, de calomnies, et ensuite, comptant l'achever, ils ont crié par dessus les toits que cet homme était bien fini, bien mort, au point qu'on ne daignait plus s'occuper de lui, pas plus que s'il n'avait jamais existé ; et, il faut le dire, un grand nombre de naïfs, endoctrinés par des compères plus ou moins conscients, avaient en plein donné dans le piège. On avait profité d'un moment où l'homme, étant alité, ne pouvait se montrer en public pour propager cette drôlerie.

Mais voilà tout à coup que l'homme reparaît sur l'horizon, et aussitôt les acclamations de recommencer de plus belle. Alors les parlementaires, obligés de reconnaître qu'il était plus vivant que jamais, n'ont plus hésité à recourir contre ses partisans à la violence et au désordre. Peine perdue ! Il s'est trouvé que, malgré cela, à cause de cela peut-être, il a été proclamé trois fois député.

C'était un nouvel et bien sanglant échec.

Pour s'en venger, ils ont eu l'aplomb, eux les adversaires acharnés des vraies institutions républicaines, de nier le républicanisme de ceux qui votent pour le général Boulanger et qui soutiennent sur son nom la revision antiparlementaire, démocratique de la constitution. Et comme c'est la grande majorité qui lui donne ses suffrages, il s'ensuivrait que la grande majorité en France n'est pas républicaine... à leur manière.

Oh! ici, vous avez cent fois raison, Messieurs les parlementaires. Non, certes, le peuple, dans sa majorité, n'est pas républicain comme vous. Il n'admet pas une république où il est traité en gent taillable et corvéable à merci, où il subit de perpétuelles contributions de guerre, où il est rançonné et mis à sac par les présendus républicains, comme il l'était en 1871 par les Prussiens, une république, en un mot, où il est tenu sous le joug ruineux et honteux du parlementarisme.

Oui, le pays en a assez de votre gouvernement bourgeois et usurier, qui n'aboutit qu'à faire, à ses dépens, de certains aventuriers des millionnaires. Et, puisque vous reconnaissez vous-mêmes qu'il n'en veut plus, de quel droit prétendez-vous le maintenir de force sous ce gouvernement? De quel droit prétendez-vous l'empêcher de manifester, comme il l'entend, ses volontés à cet égard. Vous l'acculez vous-mêmes entre la dictature Boulanger, que vous avez inventée, et la dictature rapace que vous faites peser sur lui. Eh bien, encore une fois! il en a assez de votre dictature bourgeoise, que vous couvrez hypocritement du nom de république.

Non! — et le peuple ne le voit et surtout ne le sent que trop bien, — ce n'est pas pour défendre la République et arriver par elle à la réalisation successive des réformes utiles aux travailleurs que vous vous livrez à d'aussi violentes ou aussi perfides attaques contre la personne de Boulanger, mais uniquement pour sauver votre régime parlementaire combattu par lui avec autant de succès que de raison.

« Ce cher régime, trouvez-vous, c'est notre vache à lait ; il nous est si commode : il nous donne la facilité de vous promettre toutes les réformes sans jamais en accomplir aucune, et de puiser à pleines mains dans vos poches pour remplir notre réservoir budgétaire... Comment pourrions-nous l'abandonner ? »

Et, en effet, comme l'a dit en propres termes un de vos principaux orateurs, Messieurs les radicaux, c'est la République parlementaire, la République frelatée et non une autre, que vous défendez avec la rage d'un chien qui défend son os. Sans parlementarisme, pas de République pour vous. Vous n'acceptez celle-ci qu'autant qu'elle subira l'autre. Si elle se refuse à vivre sous ce régime... eh bien, tant pis pour elle ! La monarchie est toute prête à s'en accommoder. Périsse la République, plutôt que le régime parlementaire !

Ne niez pas !

L'histoire des réactions et des coups d'État est là pour démontrer que les personnages rebelles, comme vous, aux améliorations sociales n'y regardent pas de si près, et que, pour écarter ces améliorations, ils préfèrent courir les risques d'un retour à la monarchie.

Et la preuve encore que telle est, au fond, votre véritable pensée c'est que, si vous vouliez uniquement sauver du boulangisme la République elle-même, la République sans épithète et sans restriction, c'est-à-dire la démocratie pure avec ses conséquences sociales, vous auriez un moyen aussi simple que sûr d'y parvenir : c'est de rendre impuissant contre elle le fondateur du parti, non pas en le persécutant et l'injuriant, mais en lui enlevant ce qui fait sa force auprès des masses, en lui prenant son programme de revision antiparlementaire.

Puisque c'est ce programme qui a tant accru sa popularité et son influence, il est clair que l'idée d'une pareille révision venant à cesser de lui être personnelle, il perdrait du coup la force personnelle qu'il en tire, et cesserait dès lors, d'être un danger pour la République.

Et notez que vous auriez, en outre, l'avantage de lui enlever du même coup sa plus belle chance de dictature, en supprimant la présidence de la République.

Voilà ce que vous feriez, si votre républicanisme était de bon aloi, si votre peur de la dictature boulangiste était sincère.

Mais non! C'est, au contraire, la réforme par lui proposée que vous repoussez, parce qu'elle mettrait fin à vos tripotages dans un budget de quatre milliards et dans toutes sortes d'affaires plus ou moins scandaleuses. Ce n'est donc pas pour reprendre son programme à votre compte que vous attaquez l'homme avec tant de violence sous prétexte de défendre la République, mais uniquement pour l'empêcher, si possible, de vous troubler dans vos spéculations scélérates, de détruire votre parlementarisme qui les permet et qui les couvre.

Vous préférez n'employer contre lui que des moyens douteux, mais qui ne peuvent vous atteindre dans vos positions abusives, plutôt que des moyens sûrs, mais qui vous feraient perdre ces mêmes positions. Vous préférez vous en tenir contre lui aux armes émoussées de la calomnie, de l'injure, des insinuations perfides, vous donner même le ridicule de lui attribuer vos propres tendances, en le traitant d'orléaniste, de bonapartiste, en l'accusant de pactiser avec ces derniers partis. — Pauvres expédients!

J'admets, si l'on veut, que tant d'escobarderies finissent par obtenir les résultats cherchés, qu'elles parviennent à déconsidérer tout à fait le général Boulanger, à le tuer définitivement dans l'esprit public. Est-ce que, dans ce cas, les parlementaires s'imaginent qu'ils en seraient plus avancés? qu'ils auraient tué, avec lui, la cause qu'il représente?... Le peuple, qu'ils le sachent bien, — et des faits récents ne permettent pas d'en douter, — n'en persisterait pas moins dans la voie des réformes où il s'est engagé, c'est-à-dire dans sa campagne contre les iniquités du parlementarisme, dans ses réclamations revisionnistes en vue de la suppression du Sénat et de la présidence. Cette campagne qu'il a commencée avec le général, il la continuerait avec un autre ou avec d'autres chefs de file. Et voilà tout.

Les antirevisionnistes auront beau faire ; ils ne réussiront pas dans leurs infernales combinaisons ; ils n'arriveront ni à sauver le parlementarisme, ni à empêcher la marche en avant de la République.

Dans leurs manœuvres, le peuple ne voit qu'une chose, c'est la haute protection dont ils couvrent une constitution qui viole tous les principes qu'elle est censée reconnaître : suffrage universel, souveraineté du peuple, démocratie ; il ne voit que les extorsions qu'ils exercent sur lui à l'aide de cette constitution.

Et il ne veut qu'une chose, c'est de sortir d'un état constitutionnel aussi faux, qui le ruine, lui travailleur, en les enrichissant, eux oisifs ; c'est de fonder enfin la vraie république, où tous les citoyens aient des droits égaux, où tous puissent vivre honorablement de leur travail ; en un mot, il veut une république antiparlementaire, réellement démocratique, et il l'aura.

La lutte entre le parti parlementaire ou bourgeois et le parti antiparlementaire ou démocratique reprend de plus belle et d'une manière plus consciente que jadis. Elle se trouve aujourd'hui définitivement engagée, et elle se continuera quand même.

D'après tout ce qui s'est passé dans ces derniers temps, les adversaires du boulangisme doivent eux-mêmes être fixés, et sur la ferme résolution du peuple de poursuivre jusqu'au bout l'œuvre réparatrice qu'il a si brillamment commencée, et sur son intention non moins ferme — pour ne pas compromettre cette œuvre — de continuer à soutenir l'homme qu'ils lui ont eux-mêmes fourni pour porte-drapeau, et qui a donné un corps à ses revendications, trop vagues jusqu'alors.

Dans sa remarquable persévérance, le peuple paraît avoir beaucoup mieux conscience des vérités politico-sociales qui viennent d'être exposées. Il se rend beaucoup mieux compte du caractère de la lutte actuelle et du but qu'elle doit atteindre.

Il sent parfaitement que, s'il n'a jamais pu obtenir le moindre acte de justice, la moindre amélioration dans son sort, c'est à nos institutions bâtardes, monarchico-démocratiques qu'il le doit.

Il sent que ces institutions permettent aux ambitieux, pour parvenir, de promettre d'un cœur léger les plus vastes et les plus séduisantes réformes et, une fois parvenus, de n'en accomplir aucune, afin de profiter sans réduction des abus dont il s'agissait de l'affranchir.

Il sent qu'avec ces institutions, les responsabilités dont les parvenus se couvrent avec tant de hauteur sont absolument illusoires et qu'il leur est toujours facile de se laver les mains de leurs dénis de justice.

Il sent enfin, qu'en s'en prenant uniquement aux hommes de ses perpétuelles déceptions, il a fait jusqu'ici fausse route, et que c'est aux institutions mêmes qu'il doit s'attaquer avant tout, s'il veut désormais aboutir à un résultat sérieux.

On peut donc espérer que le peuple ne se laissera plus si naïvement endoctriner par les hâbleurs se disant républicains, depuis les radicaux de gouvernement les plus extrêmes, jusqu'aux ci-devant ouvriers les plus possibilistes ; qu'il exigera envers tous et contre tous, comme condition essentielle, absolue, *sine qua non*, de la revision constitutionnelle, la suppression immédiate et sans restriction du Sénat et de la présidence de la République.

Jusqu'à présent, dans la pensée de travailler à ce grand résultat, les républicains démocrates se sont attachés avec énergie à la cause du général Boulanger et du parti antiparlementaire auquel les parlementaires ont cru jouer un vilain tour en le qualifiant de boulangiste. Il s'agit donc de savoir si les idées de ce parti et de son chef, ainsi désigné, répondent au programme ci-dessus, tant sous le rapport social que sous le rapport politique.

Au point de vue des réformes politiques, les idées du général se trouvent exposées dans le projet de résolution relatif à la dissolution de la Chambre des députés et à la revision de la Constitution, et qu'il a lu à la séance du 4 juin 1888.

L'orateur, dans son début, constate l'impuissance qui s'attache à la représentation nationale, à raison même de la nature de nos institutions parlementaires. Puis, il ajoute :

« Le pays appelle de tous ses vœux des réformes et le parlementarisme lui répond : « Je ne puis pas t'en donner, « et je ne le pourrai jamais, quelques modifications que les « électeurs puissent apporter quant aux personnes et à la « composition du Parlement. Le système même dont je procède me le défend; car, en même temps qu'il exalte toutes « les convoitises coupables, il paralyse toutes les bonnes « volontés... »

« La France, dit-il ailleurs, est lasse jusqu'au dégoût de ce régime (aboutissant à des coteries et des coalitions dont toute l'action consiste à faire et défaire des ministères), qui n'est qu'agitation dans le vide, désordre, corruption, mensonge et stérilité.

« Il faut le réformer; et on le réformera en modifiant de fond en comble l'assiette du pouvoir et les attributions de ceux qui doivent l'exercer.

Pouvoir exécutif. — « Et, tout d'abord, faut-il donner à la république un président ? La question est controversée... Je crois que la France s'habituerait aisément à se passer d'un président de la république; mais il est certain qu'elle ne s'est pas encore faite à cette idée, *vers laquelle person-*

nellement je me sens porté... Si elle était consultée comme elle doit l'être sur la cor~~titution~~ de son gouvernement, il est à craindre, pour ceux, ~~~~ comme moi, préféreraient, sans cependant en faire un dogme, la solution contraire, qu'elle ne voulut, au moins pour le moment, maintenir l'institution de la présidence... »

Dans le cas d'un maintien, l'orateur pense que le mode de nomination du chef du pouvoir exécutif (que ce pouvoir réside dans un homme ou dans un conseil suprême) est d'ordre secondaire, mais que ce chef ne doit pas être un soliveau ; qu'il doit entre autres « avoir le droit de s'opposer à la promulgation des lois dues à l'initiative parlementaire » sauf « à fixer les règles d'après lesquelles le pouvoir législatif pourra faire tomber cette opposition. »

Pouvoir législatif. — A ce sujet, M. Boulanger s'exprime ainsi :

« La Constitution de 1875 a partagé le pouvoir législatif entre la Chambre des députés et le Sénat, sans tenir compte de la différence d'origine de ces deux Assemblées ; . . . .

« *Je verrais sans inconvénients et sans regrets disparaître le Sénat*, qui ne représente rien et ne sert à rien.

« Cependant, si la majorité s'effraye des abus de pouvoir d'une Chambre unique, beaucoup moins à redouter cependant avec le régime constitutionnel tel que je le conçois qu'avec le régime actuel ; si elle préfère conserver le Sénat sous prétexte de pondération, au moins faut-il lui donner une origine qui justifie les pouvoirs dont il peut être investi.

« Le suffrage universel étant la base de notre droit politique, il faut que le Sénat en émane... »

Fonctions ministérielles. — Suivant le même orateur :

« L'expérience a démontré que la responsabilité des ministres devant la Chambre équivaut à l'absorption du pouvoir exécutif par le pouvoir législatif et à l'avilissement du premier. Il n'est pire régime que celui des collectivités. La Chambre doit légiférer ; elle ne doit pas gouverner.

« Afin de soustraire le pays à cette fatalité des crises ministérielles qui l'énervent et qui l'épuisent, les fonctions ministérielles seront incompatibles avec le mandat législatif, et les ministres, tenus hors du Parlement, seront individuellement responsables devant le chef de l'État ou devant le Conseil suprême qui l'aura remplacé... »

Ratification du peuple. — Les théories constitutionnelles de l'orateur se terminent par la déclaration suivante :

« Dans une démocratie, les institutions doivent se rapprocher, autant que possible, du gouvernement direct. Il est juste et bon qu'on interroge le peuple par voie directe chaque fois que s'élèveront de graves conflits d'opinion qu'il peut seul résoudre. C'est pourquoi je pense qu'il est indispensable d'introduire, dans notre Constitution, le *jus ad referendum*.... »

« Je pense enfin que la Constitution, renouvelée, doit être soumise à la ratification du peuple. »

Voilà pour les réformes politiques.

En fait de *réformes sociales*, les dispositions du général Boulanger sont indiquées dans les discours qu'il a prononcés durant ses voyages en province. Je donne ci-dessous les extraits qui s'y rapportent :

« Tant que je serai à la Chambre, je prends l'engagement formel de travailler énergiquement à la solution des problèmes sociaux, desquels dépend l'amélioration du sort de toutes les classes ouvrières et qui n'est, en somme, que la solution des problèmes politiques..... (Anzin, milieu de mai 1888.)

« La République n'est rien, si elle n'est pas le gouvernement des réformes démocratiques, ouvert à toutes les bonnes volontés, celui qui seul peut améliorer le sort des travailleurs, supprimer le salariat... » (Denain, id.)

« Soldat moi-même, député aujourd'hui, toute ma sollicitude vous est acquise et ma constante préoccupation sera de vous voir heureux et forts pour que la France soit heureuse et forte... » (Id.)

« Est-ce que je n'ai pas mis tous mes soins à terminer pacifiquement cette grève de Decazeville, la seule qui, malgré tant d'excitations diverses, ait pris fin sans qu'aucun conflit ait éclaté entre la population ouvrière et les troupes chargées de maintenir l'ordre ?

« Cette préoccupation de faire de notre France une même et unique famille, elle ne m'a jamais quitté... (Hirson, » id.)

« Elles (les ovations des habitants) s'adressent également à celui qui poursuit la revision de la Constitution par la dissolution de la Chambre, seul moyen d'arriver à une vraie République démocratique et progressive, qui améliorera le sort des travailleurs par la solution des questions sociales,..» (Fourmies, milieu de mai 1888.)

« ..... Vous avez raison de compter sur moi : je ne faillirai pas à mon devoir, je ne tromperai pas votre confiance. Je vous promets de me consacrer à vous; je vous promets que les questions sociales seront celles que j'étudierai avec le plus de plaisir et le plus de soin... » (Avesnes, id.)

« Je suis heureux de voir dans leur adresse (des membres de la Fédération républicaine revisionniste) qu'ils ne considèrent pas la revision comme une simple affaire de politiciens, mais comme une nécessité pour la solution de toutes questions économiques, sociales, de toutes les questions d'affaires, qui sont la vie de la nation... » (Paris, juin 1888.)

« Depuis bientôt quinze ans, toutes les réformes sont promises; il n'en est pas de réalisées. Sur trente-six millions de membres de grande la famille française, trente millions travaillent pour la vie, payent, combattent, et les charges et les difficultés s'entassent d'année en année sur leurs têtes, sans que rien soit fait pour leur assurer le droit à la vie, à eux dont les enfants, pour soutenir l'honneur du drapeau de la France, se disputent le droit à la mort sur nos champs de bataille... » (Rennes, juillet 1888.)

Les extraits qui précèdent des discours du général Boulanger donnent une idée assez nette de sa manière de voir personnelle en fait de réformes politiques et sociales. En principe, cette manière de voir marque un progrès incontestable sur l'esprit étroit, égoïste des gouvernants actuels, puisqu'elle tend à supprimer les entraves qu'ils ont mises et qu'ils maintiennent à l'expression de la volonté du peuple et à la réalisation de ses vœux les plus légitimes.

En matière sociale, l'orateur s'est borné à exprimer ses vues humanitaires à l'égard de la classe laborieuse, sans se livrer à aucun détail d'application. Il ne lui était pas possible de faire plus dans de simples discours, ne comportant guère que des généralités, et affectés surtout à la propagande révisionniste. Mais — ce qui est d'une sérieuse importance — on sait, par sa conduite comme ministre de la guerre pendant la grève de Decazeville, qu'il n'est pas homme à employer la force contre les malheureux qui réclameraient des adoucissements à leur misère et dont, par suite, les patrons pourraient souvent être amenés à traiter amiablement avec eux. Cela seul serait de nature à lui mériter la confiance des exploités.

En matière politique, on trouvera sans doute que l'auteur du projet de résolution révisionniste fait trop de concessions aux préjugés constitutionnels d'un certain monde, qu'il accepte trop facilement, bien qu'avec des réserves, l'éventualité du maintien des institutions sénatoriales et présidentielles ; mais on sent que ces concessions n'ont été formulées que par esprit de conciliation et dans la pensée d'obtenir au moins quelque chose. Ce qui a ses préférences, il le dit d'une manière explicite ; ce qui est son objectif fondamental, c'est la suppression du Sénat et de la présidence, c'est, en outre, l'incompatibilité des fonctions ministérielles avec le mandat de député. Et c'est là l'essentiel, c'est le fond même des réformes poursuivies par les antiparlementaires dits boulangistes, c'est-à-dire par tout le parti qui le soutient et dont l'appui lui facilitera l'exécution radicale de son programme.

Et cet appui pour une pareille œuvre ne lui fera pas défaut.

Tout le monde connaît les opinions ouvertement hostiles

aux institutions sénatoriales et présidentielles, des députés qui marchent avec le général Boulanger. Plusieurs d'entre eux se sont prononcés d'une manière catégorique à cet égard. Ils ont, en outre, exprimé généralement des vues très arrêtées sur les améliorations sociales qui doivent être la conséquence des réformes constitutionnelles.

Il ne s'agit pas pour eux de modifier, de corriger le parlementarisme : il s'agit de le détruire. Cette institution est atteinte d'un vice incurable, qui corrompt tout ce qu'elle touche : souveraineté nationale, démocratie, suffrage universel, liberté, probité, justice, rien n'échappe à sa contagion. La faire disparaître est le seul moyen d'assainir la République.

Quelques-uns de ces hommes dévoués ont eu l'occasion d'affirmer leurs sentiments dans des lettres publiées en réponse à des articles de journaux où ils étaient pris à partie.

Dans une réplique du 13 mai 1888, à un collègue de la Chambre, radical-parlementaire, — se dire radical, quand on est pour un régime qui n'est ni chair ni poisson, ni démocratique ni monarchique, c'est de l'aplomb, — M. de Susini, député de la Corse, écrivait ceci :

« Si je suis boulangiste c'est parce que je suis républicain, et que la République n'existe pas encore en France ; c'est parce que, député ignoré et sans ambition, j'ai pu étudier pendant trois ans votre conduite politique et celle de votre groupe ; c'est parce que j'ai la conviction que, malgré la différence des qualifications, vous êtes tous opportunistes, aussi incapables les uns que les autres de vous occuper d'autre chose que d'intrigues personnelles et de petites conspirations de coulisses ayant pour but d'élever ou d'abattre des ministères qui se ressemblent tous ; c'est parce que j'ai combattu moi-même trois ans dans vos rangs, soumis à la dictature brutale des chefs de groupes et des coteries ; c'est parce que je vous ai vus marcher de concession en concession, abandonner chaque jour un lambeau de votre programme, vous entendre et pactiser, à l'intérieur du Palais-Bourbon, avec les hommes que vous combattiez avec acharnement dans vos journaux et dans les réunions populaires. »

Au commencement du mois d'août, M. Edmond Turquet, député de l'Aisne, a adressé à un journal de Laon, une lettre où il rappelle le passage suivant d'une de ses allocutions au général Boulanger :

« Puisque j'ai prononcé ce mot de César, je suis heureux, mon cher général, de protester, devant cette assemblée, au nom de vos 40,000 électeurs du 25 mars, contre les calomnies et les accusations qu'on a dirigées contre eux, contre Lesguiller et contre moi.

« Non, nous ne sommes pas des césariens. Non, nous ne rêvons pas l'instauration d'une dictature ! Nous sommes des républicains, mais nous ne voulons pas de la république parlementaire. Nous voulons une république démocratique, dans laquelle la voix de la nation sera toujours écoutée, et dans laquelle les vœux du peuple recevront satisfaction. »

Citons encore une lettre du 26 août, où M. H. Michelin, député de la Seine, répondant à la question d'un journal de Paris, sur son boulangisme, s'exprimait ainsi :

« Le mauvais état de ma santé m'a seul empêché de prendre part à la campagne électorale du 19 août dernier. Autrement, je n'hésite pas à le dire, car je pense comme vous qu'en politique il faut être d'un côté ou de l'autre, j'aurais soutenu très énergiquement la candidature du général Boulanger qui signifiait : *Dissolution, Constituante, Revision.*

« Enfin, à cette question : « M. Michelin est-il encore au- « jourd'hui boulangiste ou ne l'est-il plus? » je réponds tout simplement : Non, je ne suis pas et n'ai jamais été boulangiste. Cette épithète ne signifie absolument rien.

» Je n'ai jamais été, je ne suis pas et je ne serai jamais le suivant ou le caudataire d'un homme. J'ai toujours combattu l'Empire. Je n'ai jamais été ni thiériste, ni gambettiste, ni ferryste. Aujourd'hui je ne suis ni floquetiste, ni boulangiste.

« Je suis et je n'ai jamais été que républicain démocrate socialiste. C'est vous dire que les hommes ne sont rien pour moi et que les principes sont tout. »

Cette manière de voir des députés cités est partagée par tous les autres partisans de la revision antiparlementaire. Voici, à titre d'exemple, l'ordre du jour voté le 18 août 1888 par une réunion d'électeurs de Nevers :

« La réunion radicale socialiste de la Paume, sans s'arrêter aux classifications de *boulangiste* ou d'*antiboulangiste*, félicite le citoyen Laporte d'avoir, en toute circonstance, voté la revision, regrette que l'absence de M. Turigny ne lui ait pas permis de voter la revision à la Chambre, et blâme les députés Ducoudray, Berger et Hérisson. »

L'idée d'une refonte radicale de la Constitution est commune à la grande masse des électeurs dits boulangistes. Dans la revision, ils voient essentiellement une chose, c'est la délivrance des entraves sénatoriales et présidentielles. Fortifiés par l'exemple de leurs représentants honnêtes et par les exhortations des citoyens des réunions publiques, ils mettent une suite remarquable dans leurs manifestations antiparlementaires. Au milieu des intrigues de toute sorte, ils poursuivent leur campagne sous le nom de Boulanger, comme si de rien n'était, impassibles et persévérants, sans s'inquiéter des criailleries de la bande des exploiteurs officiels dont la position pourrait s'en trouver compromise ; et sans tenir le moindre compte des objurgations les plus pressantes des farceurs du parti ouvrier, lequel n'a été jusqu'à présent que le parti des aspirants bourgeois.

Chose remarquable ! Depuis que la grande question de la revision antiparlementaire s'est posée, le peuple s'intéresse beaucoup plus au résultat des élections, il met beaucoup plus d'empressement dans l'exercice de son droit électoral.

Ce réveil de l'électeur est de bon augure pour le succès

de la cause ; mais il faudrait, en outre, qu'il mît plus de sang-froid, moins d'entraînement dans le choix de ses mandataires.

Son premier mouvement, c'est la confiance, confiance aveugle, fortement entachée de chauvinisme, qui l'empêche d'apercevoir le vide et souvent la rouerie des déclarations des candidats.

Jusqu'à présent, dans les réunions électorales et autres, le peuple se faisait prendre, avec une facilité et un entrain désespérants, aux déclamations les plus vides et en même temps les plus ronflantes. Il suffirait, le plus souvent, de s'élever avec grands éclats de voix contre les abus du gouvernement, sans, bien entendu, attaquer jamais le régime qui les engendre ; — de réclamer, sur un ton impérieux, des réductions au budget, très importantes, mais absolument impraticables sous ce régime ; — de se livrer aux commentaires les plus ébouriffants sur la devise républicaine, accompagnés de force éloges de la grande Révolution et de ses excellentes intentions en faveur des malheureux ; — de vanter la dignité des ouvriers, en leur persuadant qu'ils avaient le noble orgueil de vouloir faire leur position par eux-mêmes, pour ne rien devoir à personne ; — de lancer, en réponse à des projets d'améliorations trop positives et trop directes, cette apostrophe saugrenue mise dans la bouche d'un travailleur : « Accordez-moi la liberté et je me charge de mon avenir ; » — et de clore la série, en éblouissant l'assistance par l'étendue, l'importance, le grandiose de chimériques programmes ; — oui ! il suffisait le plus souvent de ces déclamations emphatiques pour accaparer sa confiance et enlever ses votes.

Le peuple, dans le vague de ses aspirations, ne s'apercevait pas que tout cela n'était que des mots et rien que des mots. A chacune de ces divagations pompeusement débitées, il applaudissait à outrance, sans se demander si des propositions simples, positives, techniques n'auraient pas mieux valu pour lui. Puis il nommait d'enthousiasme députés ces beaux et vains parleurs, et souvent ensuite il leur adressait des votes de confiance pour des réformes qu'ils étaient censés avoir poursuivies, mais qu'ils n'avaient pas obtenues, n'en ayant pas au préalable pris les moyens. Ce qui ne l'empêchait pas à la fin, dans son ignorance du jeu des institutions, de se plaindre toujours d'être toujours trompé. Sauf à recommencer, encore et encore, son rôle de chauvin enthousiaste et déçu.

Il est payé maintenant pour savoir à quoi s'en tenir sur le degré de confiance qu'on peut avoir dans les promesses électorales.

La défiance, dit-on, est mère de la sûreté. Cela n'est pas moins vrai dans les affaires publiques que dans les affaires privées, et c'est surtout dans les opérations électorales que la défiance est nécessaire. Elle doit servir de base à toutes les informations à prendre sur les hommes qui se présentent à ses suffrages.

Que l'électeur les étudie froidement, non pas seulement dans leurs déclarations trop souvent arrangées pour la circonstance, mais encore dans leurs positions sociales et les actes de leur vie. Ces positions et ces actes principalement sont de nature à donner la vraie mesure de leur moralité et de la confiance que méritent leurs paroles. Il serait même important qu'on pût les connaître jusque dans les faits et gestes de leur vie civile. C'est cette dernière connaissance surtout qui serait utile, afin de se trouver en garde contre leurs dehors généralement trompeurs, de pouvoir les juger à fond au point de vue de leur vrai mobile, et d'en déduire presque à coup sûr leur conduite éventuelle dans la vie publique.

Mais le législateur bourgeois a prévu le danger et y a pourvu au moyen des articles 13 et suivants de la loi du 17 mai 1819. Grâce à ces articles, l'homme le plus taré, le plus fripon, peut poser, sans craindre la preuve du contraire, comme le plus honnête et le plus dévoué des citoyens, et se faire attribuer la mission de gérer les intérêts des autres. De pareilles dispositions, il faut en convenir, sont un trait de génie de la part du genre de monde qui les a inspirées.

A défaut de cet élément souverain d'information, le corps électoral en a un autre pour se guider, qui n'est pas sans valeur, — et heureusement, celui-ci, il n'est au pouvoir de personne de le tenir sous le boisseau, — c'est la connaissance de la condition sociale des candidats. Cette connaissance est d'un grand secours pour apprécier ce qu'il leur est donné de faire ou de ne pas faire dans l'intérêt de leurs mandants.

Citons, comme exemples, quelques professions publiques et particulières qui, par elles-mêmes, seraient de nature à inspirer de la défiance. Un mot, une simple définition sur chacune d'elles suffira pour le démontrer.

Les avocats. — Leurs études spéciales du droit écrit leur faussent complètement les idées sur le vrai droit ou droit naturel, et en fait des adversaires endurcis et intolérants de ce dernier droit, c'est-à-dire de la justice juste, dont l'autre est une perpétuelle violation.

Les médecins. — Leur science des conditions organiques de la vie leur permet de se rendre mieux compte de ce qu'il y a de factice dans la morale inventée par les exploiteurs, et à ce titre, ils seraient disposés à se montrer plus compatissants aux malheureux; mais, par contre, cette science tend à les rendre froids et égoïstes.

Les artistes et gens de lettres. — Leur bégueulerie femmeline et plate les empêche de comprendre la grande morale, la seule et unique morale, qui consiste à ne faire de tort à personne, à vouloir la justice pour tous, à assurer à chacun son droit à l'existence.

Les économistes. — Leur métier, c'est de faire croire que des vessies sont des lanternes, que des oisifs sont des producteurs, que les sangsues du travail en sont la providence.

Les capitalistes, propriétaires, entrepreneurs, etc. — Il est bien difficile que ces gens-là, qui vivent et s'enrichissent de l'exploitation du travail d'autrui, cherchent sincèrement à soulager les travailleurs des excès de cette exploitation.

Les fonctionnaires publics. — Comment voulez-vous que des fonctionnaires réclament jamais des réductions sur notre exorbitant budget, dans lequel ils puisent à pleines mains ; et puis, dépendants, comme ils le sont, du pouvoir qu'ils auraient à contrôler, ils ne peuvent, bien loin de l'attaquer dans ses abus, que le soutenir pour s'attirer sa bienveillance.

Enfin, il est un genre de candidats — et c'est le plus grand nombre. — vis-à-vis desquels le corps électoral doit toujours se bien tenir sur ses gardes, ce sont ceux qui n'attendent pas d'être appelés par lui, mais qui se présentent d'eux-mêmes ou par l'intermédiaire de compères à ses suffrages. Il doit bien se douter que, le plus généralement, c'est pour eux et non pour lui qu'ils le sollicitent. Il n'est guère d'usage, en effet, que les gens qui sollicitent une faveur le fassent dans l'intérêt du sollicité et non dans leur seul et unique intérêt.

On le voit, si l'on ne considérait les candidats de ces diverses catégories que sous le rapport de leur situation, ce serait plus que de la défiance qu'ils mériteraient. Heureusement ils ne sont pas tous d'un égoïsme aussi étroit, aussi désolant ; il existe parmi eux d'honorables exceptions. Et puis il y a, en dehors de ces professions, beaucoup de citoyens auxquels les électeurs pourraient remettre avec plus de sécurité le soin de leurs affaires.

Mais, pour se trouver suffisamment cuirassé contre les surprises que ferait craindre une situation aussi défavorable, il faut que l'électeur ait sur ce qu'il veut des idées bien nettes et bien précises ; — qu'il se pénètre bien du pourquoi il n'a rien à attendre de la Constitution de malheur qui a été fabriquée contre lui ; — qu'il ne se sente aucune hésitation sur les clauses essentielles à substituer à celles qui l'étreignent et l'étouffent ; — qu'il soit bien résolu d'avance de ne céder en rien à qui, sous prétexte de procéder méthodiquement, prudemment et par suite plus utilement pour lui, chercherait à lui insinuer d'autres mesures supposées meilleures, etc.

Le peuple ne doit donc jamais perdre de vue qu'il n'y a pas de salut à espérer pour la République et pour lui en dehors d'une revision radicale de la Constitution de 1875. Il s'agit, avant tout, d'écraser la tête du serpent, le funeste parlementarisme, ou de mourir de son venin. Il s'agit de détruire ce qui le constitue et fait sa force, d'exiger formellement et sans remise deux choses d'abord : la suppression du Sénat et celle de la présidence de la République.

Si l'on se contentait de n'apporter à la Constitution que des modifications de procédure, avec la prétention d'améliorer ainsi le régime qu'elle consacre, on n'aurait absolument rien fait. Le parlementarisme n'en subsisterait pas moins avec sa sinistre influence, un peu moins brutale peut-être, mais aussi désastreuse; et même il faudrait s'attendre à le voir un jour se reconstituer tout à fait, comme le serpent auquel on s'est contenté de briser quelques anneaux.

Il est deux autres choses encore qu'il ne faudrait pas perdre de vue, lors même qu'on ne jugerait pas à propos de les inscrire dans le programme revisionniste. C'est, en premier lieu, l'abolition de l'inamovibilité des juges, sous la réserve, bien entendu, de leur élection par le peuple, cette institution soutenant les deux autres avec la même puissance que si elle était constitutionnelle. C'est ensuite la déclaration d'incompatibilité absolue entre le mandat de député et toute autre fonction publique quelconque, y compris celle de ministre; car sans cela l'examen annuel du budget continuerait toujours à n'être qu'une mauvaise plaisanterie.

A l'égard de ces dernières réformes, qui ne peuvent manquer de suivre les deux autres, la Constituante aurait à voir si elle doit les accomplir elle-même ou en laisser le soin à l'Assemblée qui lui succéderait.

Mais à l'égard de la suppression immédiate et absolue de la présidence et du Sénat, le peuple doit se montrer intraitable. Il doit en exiger l'engagement formel et sans réserve de ses candidats. S'il suit avec fermeté cette ligne de conduite, il ne peut manquer de faire généralement de bons choix et d'obtenir une majorité honnête et dévouée à la réforme de ces pouvoirs qui l'oppriment et l'exploitent.

Pour mieux assurer le succès, il est essentiel qu'il agisse avec unité et ensemble, qu'il ait un point central de ralliement, afin de pouvoir lutter utilement contre les brutalités de la centralisation gouvernementale et en triompher par l'union de ses forces. Qu'il n'écoute donc qu'un seul parti, celui qui affirme carément le nouveau programme, et qu'il ne suive qu'un seul drapeau, celui que ce parti arbore.

Ce qui ne veut pas dire qu'il doit s'attacher à un homme pour lui-même, au contraire. — Il doit ne jamais s'attacher qu'aux principes, ne voir que les principes dans cet homme et son parti ; et c'est dans le cas seul où les candidats les représentent exactement et s'engagent formellement à les défendre, qu'il peut leur accorder sa confiance, — toujours conditionnelle et relative !

Le principe qu'il s'agit de faire triompher aujourd'hui, c'est le régime franchement démocratique ou antiparlementaire.

Que le peuple se groupe donc, non pas autour de l'homme, mais des hommes dévoués à cette première et grande réforme ! Il n'a pas à s'occuper de savoir quels sont, en dehors, les sentiments, les affections intimes de ces hommes ; s'ils sont, par exemple, boulangistes ou non. Ce qu'il lui faut, c'est que ses élus veuillent, non pas simplement la revision de la Constitution, non pas même d'une manière vague l'abolition du parlementarisme, mais d'une manière explicite, absolue, la suppression immédiate et définitive des deux éléments qui le constituent. Il ne doit même pas tolérer de leur part les alternatives prévues dans le projet de résolution du général Boulanger — qui, lui-même, probablement, ne les accepterait plus aujourd'hui — c'est-à-dire l'éventualité d'une décision différente, contraire, de la part de la Constituante.

Si les électeurs veulent fermement cette suppression, l'Assemblée nationale n'a plus qu'à la consacrer, en en réglant le mode d'exécution. Autrement elle se mettrait en opposition avec la volonté du peuple, et elle n'en a pas le droit : ce serait une rébellion contre le vrai souverain ; ce serait une usurpation. Du reste, ce danger serait beaucoup moins à craindre, avec la clause formelle, rigoureuse, de la ratification par le peuple, lequel alors ne laisserait pas passer une pareille usurpation.

Cette solution franche de la question parlementaire est le seul moyen d'en finir avec les monstrueux abus du régime et de préparer la voie aux améliorations sociales. Or, qui veut la fin veut les moyens.

A ces conditions, en suivant sans défaillance et avec ensemble cette ligne de conduite, le peuple en imposera aux plus récalcitrants, il évitera la lugubre extrémité d'une révolution violente, et il ne risquera pas d'être joué cette fois comme il l'a toujours été.

Jamais, peut-être, occasion plus belle, plus favorable, ne s'est présentée pour lui de poser ses revendications, de reconquérir ses droits, de réaliser un grand progrès. Jamais la situation ne s'est trouvée aussi nettement établie, jamais le but à atteindre aussi clairement indiqué, et le moyen d'y parvenir aussi heureusement fourni.

Il a tout cela pour déjouer les complots de ses exploiteurs. Il a surtout, — ce qui lui manquait auparavant et ce qui n'est pas le moindre avantage de sa situation actuelle, — le moyen d'y parvenir, c'est-à-dire un mot d'ordre et un drapeau ; le mot d'ordre : Revision antiparlementaire ; le drapeau : Boulangisme.

Revision antiparlementaire. — Car le parlementarisme, c'est l'administration livrée aux convoitises des nullités bourgeoises ; c'est le budget de l'Etat gaspillé au profit des oisifs ;

c'est le crédit public mis au service des flibustiers de la
finance; c'est le travail national rongé par le bande des
exploiteurs; c'est, pour soutenir tous ces abus, la force ar-
mée aux mains des intrigants. Et cela est fatal sous ce régime, parce que cela profite à ceux-là mêmes — et à leurs
compères — qui font les lois et qui gouvernent.

C'est le cas, ou jamais, de dire au peuple en se servant
d'une formule connue : « Le parlementarisme, voilà l'ennemi ! » et de lui redire que la destruction de ce régime doit
être son perpétuel *delenda Carthago*.

Boulangisme. — Ce mot, inventé par les parlementaires
dans le sens machiavélique de dictature, signifie précisément
destruction de la dictature parlementaire, c'est-à-dire : —
Dissolution de la Chambre actuelle; — revision par une
Constituante nommée *ad hoc*; — suppression essentielle du
Sénat et de la présidence de la République; — ratification
de la nouvelle Constitution par le peuple.

En dehors de cette interprétation, le boulangisme n'existe
pas, et voilà dans quel sens le peuple l'entend et doit l'entendre, quand il s'attache à poursuivre, sous le nom de Boulanger, les parlementaires, rongeurs du budget, exploiteurs
du travail d'autrui, harpagons sans vergogne.

Qu'il ne le lâche plus, ce drapeau, pas plus que le mot
d'ordre, tant qu'il n'aura pas obtenu la grande réforme
réclamée !

Si l'on en juge par ce qui se passe depuis quelque temps,
une pareille défaillance n'est plus à craindre. Ce qui est
d'excellent augure, c'est que, dès le début, il a frappé fort et
juste, il a touché le défaut de la cuirasse, il a piqué l'ennemi
au vif. Les harpagons parlementaires se sont redressés, fré-
missants. Ils ont eu peur, sérieusement peur, non pas de la
dictature, du césarisme, — c'est une pure fumisterie de leur
part, — mais pour leurs abusives et si agréables sinécures.
Ils en sont ahuris au point d'en perdre la tête, de ne plus
savoir comment faire pour échapper à la chute méritée qui
les attend.

Le peuple n'a donc qu'à persister dans le système qu'il a adopté et qui lui a si bien réussi jusqu'à ce jour, qu'à continuer de ne rien écouter en dehors d'une revision carrément antiparlementaire, et de se porter aux urnes, son drapeau déployé et en masses de plus en plus compactes.

Et alors il peut être certain que le dernier mot lui restera, puisqu'il finit toujours par rester aux gros bataillons.

Paris.— Imprimerie Nouvelle (a·soc. ouvr.), 11, r. Cadet. — R. Barré, directeur.— 1889 8.

Lettre adressée
au général BOULANGER
Député de la Seine

Paris, 23 Mars 1889

MONSIEUR LE GÉNÉRAL

Permettez à l'un de vos électeurs de Paris de vous soumettre ses réflexions au sujet de la nouvelle attitude que semblent prendre les chefs principaux du mouvement révisionniste et réformiste, dont vous avez accepté si généreusement d'être le porte-drapeau.

Je n'ai pas seulement voté pour vous, Monsieur le Général, à l'élection du 27 janvier dernier ; j'ai en outre, publié une brochure en faveur de la revision anti-parlementaire, de la revision dans le sens de la suppression du Sénat et de la Présidence, ces deux plaies de la République, ces deux obstacles absolus à toute réforme sociale, à toute amélioration du sort des travailleurs.

Vous avez eu sans doute connaissance de cette brochure, puisque j'ai pris la liberté de la porter moi-même à votre domicile à la fin d'octobre 1889, le jour du banquet de l'avenue Lowendall.

A cette époque, il n'était jamais question de la revision constitutionnelle sans que la double suppression ci-dessus, avec les réformes qui doivent en être la suite, ne fût explicitement ou implicitement prévue.

Et le parti qui s'était formé à ces fins, était bien uniquement et sans mélange, celui de la revision franchement anti-parlementaire et des réformes franchement démocratiques. Et son succès, un succès ENFIN favorable au peuple semblait à tous absolument assuré.

Pourquoi faut-il que certains indices viennent troubler une situation aussi nette et des espérances aussi fondées ?

On parle toujours, il est vrai, de l'abolition du parlementarisme, — et il le faut bien ; sans cela, l'agitation boulangiste n'aurait plus de raison d'être ; — mais, on se garde maintenant de préciser en quoi consistera cette abolition, et surtout quels doivent en être les conséquences sociales. Si l'on s'occupe encore du Sénat, c'est beaucoup plus en vue d'une simple modification sans valeur réelle que d'une suppression définitive. Quant à la présidence, il n'en est plus question du tout. Il semblerait qu'on tient à la conserver, afin de se ménager cette porte toute grande ouverte pour une usurpation de la souveraineté du peuple.

Assurément, Monsieur le Général, une pareille arrière-pensée n'existe pas chez les dévoués initiateurs du mouvement anti-parlementaire; mais qui sait si elle ne hante pas la cervelle de quelques-uns des hommes nouveaux du parti.

D'abord ce qui est peu rassurant pour le succès des réformes poursuivies, ce sont les conditions dans lesquelles s'opère actuellement la propagande boulangiste.

On voit des hommes de toutes les nuances réactionnaires y apporter ouvertement un concours, fort bien accueilli d'ailleurs. Comment échapper plus tard à la pression qui serait fatalement exercée par ces hommes sur la direction des affaires? On dit, pour justifier le bon accueil dont ils sont l'objet, que la République doit être ouverte à tous les honnêtes gens qui veulent y venir loyalement. Pure chanson! j'oserai vous le dire, Monsieur le Général..... Et cette chanson-là, on en a les oreilles rebattues. Elle date du Directoire, et elle a passé par le Gouvernement de 48 pour arriver jusqu'à nous. Mais l'histoire démontre qu'elle ne sert jamais qu'à introduire le loup dans la bergerie.

Et les frais énormes occasionnés par la lutte dégénérée ainsi en simple rivalité d'ambition !.. Et les lourdes obligations vis à-vis certains personnages, résultant des services d'un dévouement toujours intéressé !.. Comment parvenir à y faire face sans une déplorable aggravation des charges publiques? Cela n'est-il pas souverainement inquiétant pour la prospérité du travail et la sécurité des travilleurs?

Ensuite, ce qui ne me paraît pas mois grave, Monsieur le Général, c'est l'intrusion, dans une affaire toute de progrès intérieur et pacifique, de progrès politique et social, d'une ligue dont le but propre, pour être atteint, ne suppose que plaies et bosses et se trouve, par conséquent, en contradiction directe avec celui du parti de la revision.

La Ligue des Patriotes, pour l'appeler par son nom, n'avait rien à voir *comme telle* dans ce dernier parti, et son intervention *comme telle*, ne pourrait que le faire dévier, que le faire avorter.

Déjà le parti de la revision antiparlementaire en laissant surcharger son titre du mot *national*, s'est diminué sans s'en douter. Il a désséminé sur plusieurs objets sa grande popularité et perdu la part dont semble profiter la Ligue. Il se trouve par conséquent réduit d'autant dans ses chançes spéciales de succès.

Que signifie d'ailleurs cette surcharge étrange? Est-ce

qu'il y a place en France pour un parti national distinct ? Est-ce que tous les Français, républicains ou monarchistes, ne sont pas de ce parti-là ?

Or le mot *national*, accaparé par un groupe de citoyens, n'a aucun sens, ou c'est un piège tendu par une fraction de ce groupe à l'autre fraction pour entraîner celle-ci (les parlementaires) sur une fausse piste, en spéculant sur le chauvinisme, encore trop commun malheureusement parmi le peuple.

Malgré tous ces fâcheux indices, vos électeurs, Monsieur le Général, n'ont pas perdu confiance dans la fermeté et la loyauté que vous avez montrées en maintes circonstances difficiles, et ils ne doutent pas de votre fidélité à poursuivre l'avènement de la République honnête par la suppression du Sénat et de la présidence, c'est-à-dire la réalisation du gouvernement direct, s'exerçant sur toutes les affaires publiques qui, bien entendu, ne touchent pas aux intérêts communaux et ne sont pas du domaine de la conscience.

Néanmoins, vous le savez mieux que moi, Monsieur le Général, une surprise est toujours à craindre de la part des partis hostiles, si habiles à se glisser dans les rangs de leurs adversaires en se disant leurs amis, et il importe de prendre les plus grandes précautions contre leurs intrigues et leurs manœuvres. C'est surtout aux élections générales qu'il s'agirait d'avoir l'œil grand ouvert sur les agissements de ces partis. Alors on ne saurait trop répéter aux citoyens qui vivent de leur travail :

« Électeurs, prenez garde à vous !... Prenez garde de vous laisser jouer par le parti qui se dit *national*, comme vous l'avez été par le parti qui se dit *radical*. Ne vous contentez plus de ces appellations ou autres non moins vagues telles que celles de *révisionniste*, puisque des parlementaires eux-mêmes se déclarent partisans de la revision,... celle de *boulangiste*, puisque chacun entend le boulangisme d'une manière différente,... même celle de *républicain*, puisque ceux qui gouvernent aujourd'hui la République prétendent maintenir le régime autoritaire et centraliste, etc... N'accordez vos suffrages qu'aux candidats qui en outre s'engagent formellement à exiger tout d'abord la suppression du Sénat et de la présidence de la République et, par ce moyen, à ouvrir enfin l'ère des réformes sociales. »

Telle a été du reste la ligne de conduite recommandée dès l'origine par les républicains du parti de la revision antiparlementaire, dont vous êtes le chef honoré, et je suis convaincu que les hommes honnêtes de ce parti continueront à la recommander aussi résolument que par le passé.

C'est au nom de quelques amis autant qu'au mien, M. le

Général, que j'ai l'honneur de vous communiquer les
explications qui précèdent. Vous voudrez bien en excuser
la longueur, à raison de la gravité du sujet. Il m'a paru
indispensable, dans l'état de diversité des groupes qui sont
entrés dans le mouvement, de donner un peu d'étendue à
ma lettre, afin de ne laisser place à aucun équivoque sur le
sens de mon adhésion au parti revisionniste dit boulangiste.
En soutenant la grande cause de la revision antiparlementaire, je n'ai pas eu en vue le triomphe d'un personnage ou
d'une coterie politique quelconque; j'ai songé uniquement
à déblayer le terrain des institutions qui s'opposent à la
reconnaissance du droit des travailleurs, à la réalisation
des améliorations sociales.

Agréez, M. le Général, l'assurance de la haute considé-
ration d'un vieux et obscur républicain socialiste.

P.-E. LAVIRON

6, rue Tholozé.

P. S. — Cette lettre était écrite avant les poursuites dirigées contre
la ligue des patriotes, et à raison de ces poursuites, j'avais d'abord
renoncé à vous la faire parvenir. Mais je me suis aperçu, depuis, que
le plus clair résultat d'un pareil acte de rigueur était de mettre la
ligue de plus en plus en relief, aux dépens du grand parti de la revision antiparlementaire dont elle tend, pour le malheur des victimes
du capital, à s'approprier la popularité, et que dès lors il n'y avait pas
davantage de ménagements à garder à son égard.

Un autre événement, bien plus significatif encore, vient de s'ajouter
à celui-là : c'est le discours récemment prononcé à Tours. Pris à la
lettre, il serait de nature à achever de désillusionner les Républicains
démocrates restés fidèles au mouvement revisionniste dit Boulangiste.
Ce que prêche ce discours, ce serait, sous le masque de la liberté, le
despotisme politique et clérical le plus écœurant, ce serait aussi, sous
le nom de protection des humbles, la mesquine et insolente aumône
remplaçant le droit des travailleurs....

Alors je n'ai plus hésité et, comme ma lettre a au contraire pour
objet de faire disparaître les derniers freins qui empêchent le peuple
de jouir de ses droits politiques et sociaux, j'ai fini par me décider à
ne pas la tenir plus longtemps sous le boisseau.

Paris — Imp. P. Lambert, 13-17, rue des Martyrs

92